EXAMEN CRITIQUE
DES DISCOURS

PRONONCÉS A NOTRE-DAME

EN DÉCEMBRE 1844 ET EN JANVIER 1845,

PAR M. L'ABBÉ

LACORDAIRE,

DE L'ORDRE DES DOMINICAINS,

PRÉCÉDÉ D'UNE

NOTICE SUR L'ORDRE DES DOMINICAINS

ET DE LA

BIOGRAPHIE DE M. LACORDAIRE,

PAR M. ***

d'après les principes de la philosophie naturelle.

SE TROUVE:

CHEZ TOUS LES LIBRAIRES DE PARIS

ET DES DÉPARTEMENTS.

1845

EN VENTE

Pour paraître par livraisons et régulièrement chaque semaine.

EXAMEN CRITIQUE
DES DISCOURS

PRONONCÉS A NOTRE-DAME

EN DÉCEMBRE 1844 ET EN JANVIER 1845

PAR M. L'ABBÉ

LACORDAIRE,

DE L'ORDRE DES DOMINICAINS

PRÉCÉDÉ D'UNE

NOTICE SUR L'ORDRE DES DOMINICAINS

ET DE LA

BIOGRAPHIE DE M. LACORDAIRE,

d'après les principes de la philosophie naturelle.

Prix de chaque livraison : 60 centimes.

L'OUVRAGE COMPLET FORMERA 10 LIVRAISONS,

dont 7 contiendront un Discours et la Réfutation.

SE TROUVE :

CHEZ TOUS LES LIBRAIRES DE PARIS

ET DES DÉPARTEMENTS.

EXAMEN CRITIQUE

DES HUIT

DISCOURS

PRONONCÉS A NOTRE-DAME

PAR

M. L'ABBÉ LACORDAIRE.

IMPRIMÉ PAR BÉTHUNE ET PLON, A PARIS.

EXAMEN CRITIQUE

DES HUIT

DISCOURS

SUR

LE CATHOLICISME ET LA PHILOSOPHIE,

Prononcés à **NOTRE-DAME**, en décembre **1844** et janvier **1845**,

PAR

M. L'ABBÉ LACORDAIRE;

PRÉCÉDÉ D'UNE

NOTICE HISTORIQUE SUR L'ORDRE DES DOMINICAINS,

ET DE LA

BIOGRAPHIE DE M. L'ABBÉ LACORDAIRE,

Par M. ***,

d'après les principes de la philosophie naturelle.

—————◆—————

SE TROUVE:

CHEZ TOUS LES LIBRAIRES DE PARIS

ET DES DÉPARTEMENTS.

*La Notice et la Biographie devront être placées ici.
Elles ne seront publiées qu'après l'Examen critique.*

AVANT-PROPOS.

M. l'abbé Lacordaire, dans ses Conférences de Notre-Dame, aborde cette année les questions les plus importantes. Il s'efforce de rattacher au dogme catholique tous les grands progrès qui ont eu lieu dans la morale et l'économie sociale. Il insinue, puis il affirme que l'humanité n'a plus qu'une seule ressource : c'est de se jeter dans les bras du papisme, c'est de se confiner en grande partie dans des monastères ; autrement, à son avis, les hommes bientôt seront réduits à s'entre-dévorer. Ces audacieuses prémisses ne décèlent que trop un but bien arrêté, non-seulement dans la pensée du révérend père, mais encore dans celle de tout son parti. Ce but, c'est d'influencer l'opinion publique sur la question de l'enseignement, question qui bientôt sera débattue à la chambre des députés ; c'est de conclure à la nécessité de l'enseignement monastique.

Il me paraît dangereux de laisser passer sans conteste d'aussi étranges doctrines. La réputation de l'auteur, le prestige de sa parole, la hardiesse de sa critique peuvent entraîner dans une voie déplorable, parce que les esprits sont fatigués du scepticisme intellectuel et de l'anarchie sociale, et qu'il n'a à lutter contre aucune doctrine complète et organique. C'est pourquoi, personne ne prenant jusqu'ici l'initiative, je crois faire un acte de civisme d'ouvrir, dès ce jour, la discussion avec cet adversaire renommé.

L'examen critique que je publie n'est point écrit sous l'inspiration de l'envie ou de la passion ; lorsqu'un écrivain met sa plume au service de la vérité, il ne doit jamais s'écarter des lois de l'équité et de l'esprit de fraternité.

Pour mettre à l'abri de tout soupçon la loyauté de ma critique, je m'impose une loi dure, celle de citer en entier les discours que j'examine, malgré les nombreuses redites qui s'y trouvent. Je n'en analyse pas toutes les phrases, mais, autant que possible, toutes les idées qui me paraissent avoir de l'importance. Je m'attache surtout à apprécier rigoureusement les conséquences sociales de la doctrine ultramontaine de M. Lacordaire, et à mettre en parallèle avec cette doctrine d'autres principes de philosophie, de morale et d'économie sociale.

Pour qu'il soit plus facile de saisir l'ensemble de cet ouvrage, chacune des propositions, soit du texte de M. Lacordaire, soit de l'examen que j'en fais, ont été classées sous des numéros d'ordre correspondants, numéros que, dans la discussion, je nomme articles. Un chiffre mis entre parenthèses, à la partie critique, indique le renvoi à un chiffre semblable de la même partie.

EXAMEN CRITIQUE

DU

DISCOURS SUR L'HUMILITÉ,

Prononcé par M. Lacordaire, le 1er décembre 1844.

(1) Toute doctrine peut être considérée dans le corps enseignant qui la possède et la propage, dans les sources qui la contiennent, dans les effets qu'elle produit, et enfin dans son essence même. C'est pourquoi, Messieurs, appelé à vous exposer dans cette chaire la doctrine catholique, j'ai d'abord traité de l'Église, de ses caractères, de sa constitution, de son autorité, de ses rapports avec l'ordre temporel ; puis des sources, telles que la *Tradition*, l'*Écriture*, la Raison, la *Foi*, où l'Église puise sa doctrine ; et enfin, l'année dernière, j'ai abordé les effets que cette doctrine produit sur l'esprit. Et vous avez vu qu'elle y produit la certitude *rationnelle*, c'est-à-dire une conviction réfléchie, souveraine, immuable, et, en outre, une certitude supra-rationnelle, c'est-à-dire une *conviction illettrée, translumineuse*, et qui exclut le doute ; puis une connaissance qui, par son étendue, sa profondeur, sa clarté, surpasse la connaissance humaine. Enfin, j'ai établi qu'entre la raison humaine et la raison catholique il existe des rapports d'harmonie, d'intelligibilité, d'analogie, de confirmation réciproque, et cependant de suprématie en faveur de la religion catholique.

(1) Il n'est pas de mon sujet d'examiner ce qui a été dit précédemment par l'auteur auquel je réponds. J'aurai occasion, dans le cours de cet ouvrage, de démontrer que les bases sur lesquelles il fait reposer toute doctrine, et la doctrine catholique en particulier, sont presque toutes étroites, téméraires et erronées ; que, par conséquent, les prétendus rapports qu'il voit entre ce qu'il appelle la raison catholique et la raison humaine ne peuvent exister, pas plus que la prétendue suprématie de la raison catholique. Je ne m'arrêterai point pour le moment à disséquer les dogmes de l'autorité, de la révélation et de la foi catholique. Je me bornerai à je-

1.

— 4 —

ter un coup d'œil sur celui de la *tradition*, qui est une des principales bases et le plus fort argument de la doctrine catholique. Mais avant, qu'il me soit permis de dire qu'il est absolument impossible de produire ni même de concevoir de certitude supra-rationnelle ; toute certitude véritable procède synthétiquement de trois choses : du témoignage des sens, de celui des sentiments moraux, et des lumières de la raison.

Qu'il me soit permis aussi de demander à l'éloquent prédicateur ce qu'il entend par cette doctrine de *conviction illettrée*, doctrine à laquelle il attribue une si haute suprématie, doctrine contre laquelle il est lui-même un argument si décisif. Je ne suis point de ceux qui pourraient croire que le monopole des convictions ardentes appartient aux savants et aux lettrés ; mais l'expression que j'ai soulignée ne m'en paraît pas moins extrêmement malheureuse ; elle nous rappelle ces paroles impies qu'on a osé mettre dans la bouche de Christ :

« Bienheureux les pauvres d'esprit ; car le royaume des » cieux leur appartient ! »

Paroles sur lesquelles se sont si souvent étayés les ennemis des lumières et de tous progrès, paroles qui n'ont pas peu contribué, peut-être, à former et épaissir les ténèbres et les superstitions du moyen âge.

Quant au dogme de la tradition, je suis loin de prétendre que les lumières du passé et l'expérience des siècles soient à dédaigner ; mais quelle tradition est pure de toute altération ? laquelle est assez fidèle, assez complète et assez incontestable pour mériter une foi aveugle ? Toute tradition importante, au contraire, n'a-t-elle pas pour rivale des traditions opposées et hostiles ? Il ne faut donc pas accepter tout ce qu'elle nous débite ; n'acceptons pas surtout d'une manière absolue, sans remonter aux sources, sans rien soumettre au contrôle de notre conscience et de notre raison. Combien d'une pareille coutume n'est-il pas résulté d'immenses erreurs, de cruelles aberrations !

Mais, en tenant pour intacts les dépôts confiés à la tradition, qui nous assure que les dogmes qu'ils renferment sont toujours bien compris, bien appréciés ? Est-il donc si facile

de voir juste et clair au milieu des allégories, des symboles
et des paraboles, dont les anciens surtout étaient si prodi-
gues? N'était-ce pas l'ordinaire des grands philosophes, des
prophètes, des révélateurs d'envelopper leurs idées, de cacher
la vérité sous la lettre? Qui nous assure qu'on n'a pas tiré
des faits des conséquences outrées, qu'ils n'ont pas été asser-
vis aux exigences de la politique?

Concluons donc hardiment que la tradition n'est point suffisante pour produire la certitude. La vérité ne peut pas toujours marcher en lisières; elle ne taille point ses lois sur les
patrons du passé. Telle était l'opinion du grand Bacon : « Il
» y a stupidité à croire, dit ce philosophe, que ce qui n'a pas
» été fait puisse se faire autrement que par des moyens nou-
» veaux. Celui qui repousse des remèdes nouveaux doit s'ap-
» prêter à des calamités nouvelles. »

(2) Aujourd'hui, Messieurs, nous irons plus loin sur cette route que
nous avons ouverte devant vous; car les conclusions de l'esprit ne
sont pas les conclusions dernières de l'homme. Quand l'homme a vu
quelque chose, quand, par cette lumière qui brille en lui, il a décou-
vert, si loin que ce soit, un objet, on voit apparaître une autre face
de son être, une autre puissance, qui est la sensibilité. Il est porté
vers cet objet par un sentiment quelconque, jusqu'à ce qu'une troi-
sième faculté, qui est le siége de la force, s'empare de ce sentiment,
commande, dirige, produise des actes intérieurs et extérieurs, et
mette en branle toute la vie.

C'est pourquoi, Messieurs, il s'agit de savoir, après que la doctrine catholique a produit dans l'intelligence une certitude, une connaissance, une raison, il s'agit de savoir ce qu'elle produit dans le
sentiment et dans la volonté, ou, si vous l'aimez mieux, quels sont
ses effets sur l'âme. Tel sera l'objet de nos conférences de cette
année. Je les commencerai sans autre préambule, après vous avoir
avertis cependant que la parole de l'homme n'est rien par elle seule,
et que toute l'éloquence est un vain son, si l'esprit de Dieu ne la
féconde. Je prie donc ceux d'entre vous qui sont chrétiens d'élever
leurs cœurs vers Dieu, afin que sa bénédiction descende d'en haut
sur nous; et je prie ceux qui n'ont pas le bonheur d'être chrétiens de
compatir du moins à l'état de leur âme, et de coopérer, par un mouvement de bonne volonté, aux efforts de cette parole qu'ils vont en-

tendre et aux désirs fraternels de tous ces cœurs amis qui vont assister la parole pour qu'elle les pénètre et les ravisse jusqu'à la vérité.

(2) Cet article ne contient qu'une seule idée, et cette idée est diamétralement en contradiction avec une des lois les moins incontestables de la physiologie. Selon **M.** Lacordaire, ce seraient les connaissances, la raison, les convictions de l'homme qui produiraient ses sensations et ses sentiments ; tandis qu'au contraire, d'après tous les savants qui se sont voués pratiquement à l'étude de l'organisme humain, les idées même les plus abstraites, les convictions les plus inébranlables tirent, médiatement ou immédiatement, leur origine des sensations et des sentiments que nous éprouvons ou que nous avons éprouvés ; selon ce fameux principe d'Aristote, remis en vive lumière par Condillac : *Nihil in intellectu quod non priùs fuerit in sensu.* Convenons, du reste, que cette opinion de notre auteur est parfaitement concordante avec sa doctrine de la *certitude-supra-rationnelle* et de la *conviction illettrée.*

(3) Le premier et le plus naturel objet de la connaissance de l'homme, c'est lui-même. C'est sur lui que tombe son premier regard, et sur lui qu'il revient toujours. Il peut se détacher de toute autre pensée, même de celle de Dieu, même de celle de l'univers ; mais, encore qu'il voulût fermer les yeux de son esprit par un acte de sa toute-puissance souveraine, il ne pourrait pas se séparer de soi. Et c'est pourquoi, Messieurs, le sentiment que l'homme a de lui-même, le sentiment qui naît dans l'homme à propos de la vue qu'il a de lui, est assurément de la plus haute importance. Car tout autre sentiment, si dominateur qu'il soit, il le maîtrisera, parce qu'il pourra se séparer des objets qui le produisent ; mais le sentiment qu'il a de lui-même, le sentiment correspondant au regard qu'il plonge incessamment sur lui, il ne s'en débarrassera pas un seul jour, un seul instant. Et comme le sentiment touche à la volonté, et que la volonté est le ressort de l'action, vous concevez que cette question du sentiment que nous avons de nous est une question capitale.

J'ouvre donc en tremblant le cœur de l'homme, et je n'ai pas besoin d'aller bien loin ; hélas ! je n'ai qu'à ouvrir le mien pour découvrir ce qui se passe dans celui de mes semblables. J'ouvre le cœur de l'homme, et je connais qu'il s'aime. Il s'aime, et je ne l'en blâme pas ·

pourquoi se haïrait-il? Mais il ne fait pas que s'aimer, il s'aime plus que tout, il s'aime par-dessus tout, il s'aime d'une manière exclusive, il s'aime jusqu'à l'orgueil, jusqu'à vouloir être le premier, et seul le premier.

(3) C'est donc de la nature de l'homme, des facultés, des fonctions, des besoins de son organisme qu'il faut s'occuper en première ligne ; aucune doctrine, aucune religion, aucune science ne peut donc être indépendante de la science de l'homme. Quand nous serons convaincus de cette vérité, quand nous la prendrons pour notre règle sociale, nous ne tremblerons plus en ouvrant le cœur de l'homme et en connaissant que l'homme s'aime, qu'il s'aime par-dessus tout, comme lui ordonne la loi de sa conservation et de son bien-être. Car nous apprendrons bientôt que cet amour n'est point exclusif ni anti-social. Mais au lieu de donner à l'homme des lois selon son cœur, c'est l'homme lui-même que vous vous efforcez d'adapter à vos lois capricieuses. Est-il donc étonnant qu'il réagisse de tout son pouvoir? J'ai dit que l'amour que l'homme a de lui-même n'est point exclusif ni anti-social ; je vais démontrer cette vérité.

L'homme a de nombreux et urgents besoins ; à un degré plus ou moins fort, son organisme est soumis à l'action de tout ce qui l'environne. Isolé, il demeure faible, impuissant et craintif ; il se voit exposé à toutes les luttes et à toutes les surprises, à tous les préjugés et à tous les entraînements, à toutes les infortunes et à toutes les misères, à toutes les machinations et à toutes les attaques.

Comprenant bientôt que ses besoins excéderont toujours de quelque chose les bornes de son pouvoir individuel, il cherche le concours, la coopération de ses semblables, stimulé par cette irrésistible voix de la nature qui lui crie sans cesse : Malheur à l'homme seul ! (*væ soli !*). — L'union fait la force. — Fais du bien pour en recevoir. — Aime ton prochain comme toi-même.

« Les abeilles, dit Cicéron, ne se rassemblent point dans le dessein de faire du miel ; mais portées par la nature à se rapprocher, elles forment leurs rayons. De même, les hommes, unis plus encore que les abeilles par la nature, sont appelés à mettre en commun leurs actions et leurs pensées. Il n'est pas vrai que la société ne doive son existence qu'à l'impossibilité où nous aurions été sans le secours d'autrui de nous procurer le nécessaire physique : non, quand même tout ce qu'il a de besoins physiques lui serait fourni par la puissance magique d'une baguette divine, l'homme n'abandonnerait point les hommes pour se livrer au *repos, à l'inertie, à la contemplation* ; non, il fuirait la solitude, chercherait un compagnon de plaisirs et d'étude, voudrait enseigner, apprendre : tant il est vrai que *la vie sociale est préférable aux jouissances solitaires.* »

Oui, tel est le vrai caractère de la nature humaine, telles sont les prescriptions véritables de la saine raison. Hommes et peuples, associez vos efforts et vos destinées ; groupés ensemble, vous formerez un faisceau tout-puissant et indestructible. Et plus votre union sera intime et harmonieuse, plus vos efforts seront concentrés, concertés et simultanés ; plus vous pourrez accomplir de grandes choses, plus vous serez fort, libres et heureux !

Je sais bien qu'aujourd'hui l'amour de nous-mêmes nous conduit très-souvent à beaucoup de vices, à des actions monstrueuses. Mais ces déplorables malheurs ne sont point une loi de la nature, une maladie endémique de l'humanité : ils dérivent simplement de l'imperfection de la constitution sociale, qui tient encore en antagonisme les besoins et les intérêts des hommes. La solution du problème consiste *à ouvrir une route qui soit commune au bien être particulier et au bonheur général.* Or, je le dis avec assurance, après de longues et de mûres réflexions, ce problème sera résolu quand les pouvoirs sociaux le voudront fermement.

(4) Descendons en nous-mêmes : que nous soyons nés sur un trône ou dans l'échoppe d'un ouvrier, au fond, depuis le moment où la vie morale s'est éveillée en nous, nous n'avons cessé d'aspirer à l'exaltation de la primauté. César, dit-on, passant dans je ne sais quel vil-

lage des Alpes, et s'apercevant sur ce petit forum d'une agitation pour le choix d'un chef, s'arrêta un moment devant ce spectacle. Ses capitaines, qui étaient autour de lui, s'étonnaient. « Est-ce qu'il y a aussi en ce lieu des disputes sur la prééminence? » Et César, en grand homme qu'il était, leur dit : « J'aimerais mieux être le premier dans cette bicoque que le second dans Rome. » C'est là le vrai cri de la nature. Quelque part que nous soyons, nous voulons être les premiers. Artistes prédestinés à reproduire les choses par le pinceau ou le burin, orateurs sachant créer des pensées dans l'esprit de la multitude, général commandant des bataillons et leur promettant la fuite de l'ennemi, ministres conduisant des empires, rois agités sous la pourpre, nous n'aspirons tous qu'à la primauté et à la primauté solitaire. Nous ne sommes contents que quand, mesurant d'un regard tout ce qui nous entoure, nous trouvons le vide, et au delà de ce vide, le plus loin possible, un monde à genoux pour nous adorer.

Un jeune homme a reçu de la nature une physionomie heureuse ; il a des cheveux blonds, des yeux bleus, un front noble, un sourire aimable : créature légère, vous croyez qu'il n'aspire qu'à la destinée d'une fleur. Vous vous trompez ; il rêve, lui aussi, la primauté et la domination : avec ces faibles attaches qui lient les cœurs, il cherche à se faire un objet éphémère d'admiration sur ces lèvres du monde qui racontent tous les prestiges et toutes les gloires qui se flétrissent dans l'instant où elles naissent. Bref, Messieurs, nous aspirons à la primauté, même par la puissance du rien. Je n'insisterai pas davantage sur cette vérité; car c'est un lieu commun, et, par la grâce de Dieu, j'ai horreur du lieu commun.

(4). Cette aspiration à la primauté est malheureusement un fait historique. Est-ce à dire pour cela que ce soit une loi de la nature? non, ce n'en est qu'une déviation, qu'un lamentable écart, qui dérive de la même source à peu près d'où, comme nous venons de le voir, provient l'égoïsme, c'est-à-dire, de la situation d'antagonisme et des préjugés sociaux. Ce même César, qui fit de si grands efforts, qui déploya tant de courage et de génie pour conquérir la dictature, ce même César s'écriait un jour plein de tristesse et d'admiration : « Si je n'étais César, je voudrais être Brutus! » paroles mémorables, car, aux yeux de César, Brutus était le type de l'homme qui chérit la liberté. N'est-ce pas là le vrai cri de la nature, plutôt que celui que vous glorifiez? Que conclure, si nous allons au fond des choses, sinon que l'homme a par-dessus tout dans l'intimité de son cœur l'amour de la liberté, la haine de la contrainte et de la domination; que lorsqu'il commence à aspirer à la primauté, le sentiment qui le meut d'abord, ce n'est le plus souvent que le désir de se soustraire à l'infériorité, à la sujétion?

(5) Mais voici ce qui arrive. Quand l'homme, ainsi enivré de lui-même, regarde autour de lui, trouve-t-il un spectacle correspondant aux illusions de son orgueil? Non, il trouve tout le contraire, il trouve des rangs formés où il n'a point sa place : hiérarchie de la naissance, souvenirs d'une vieille gloire qui a traversé les siècles, et qui, sur le front de l'homme sans mérite, resplendit encore par la puissance de l'histoire; hiérarchie du talent, que la nature a distribué dans ses caprices, et qui, malgré toutes nos protestations, se pose plus haut que nous, et fait à notre amour-propre de magnifiques insultes; hiérarchie de la fortune venue de la vertu, du vice ou de l'habileté; hiérarchie de toute forme et de tout nom, reposant sur des lois, des traditions, sur des nécessités, sur des abîmes toujours prêts de s'entr'ouvrir quand on attaque ce que le temps a bâti. Et en voyant cela, l'homme tombé du néant au milieu de tous ces trônes qui le bravent, l'homme s'indigne; il réagit de toute la force de cette puissance de commandement qui est en lui et qui peut s'attaquer jusqu'à la nature, comme Ajax, prêt à mourir, menaçait du tronçon de l'épée la majesté des dieux; son orgueil irrité porte à tout le défi; la haine de la supériorité qu'il subit s'unit dans son cœur à la haine de l'égalité qu'il repousse. N'est-ce pas Mahomet qui a dit quelque part :

> Des égaux ! dès long-temps Mahomet n'en a plus.

Et ne savez-vous pas que le César moderne, recevant en Égypte une lettre d'un membre de l'Institut, qui commençait par ces mots : « Mon cher collègue, » et froissant le papier avec la main qui avait l'habitude de contresigner la victoire, répétait avec dédain : « Mon cher collègue! quel style ! » Nous avons beau, Messieurs, décréter l'égalité dans des chartes, l'orgueil n'en ratifie la proclamation que pour abaisser ceux qui sont plus haut que nous, mais non pour élever ceux qui sont plus bas. La haine de la supériorité ne fait qu'appeler à soi la haine de l'égalité et le mépris de l'infériorité. Ce sont là les trois enfants légitimes de l'orgueil. Si du moins, dans ce cœur fasciné par le besoin de la primauté, régnait une véritable élévation ! Mais l'orgueil s'allie trop bien avec la bassesse; une bassesse sourde vit dans l'orgueil, et se fait des gémonies que les plus cruels tyrans n'auraient pas inventées. Cette conscience, si délicate à l'endroit du trône où elle se place, cette conscience se vend et s'achète; elle s'humilie pour grandir; elle mendie à genoux la pourpre qui couvrira sa nudité : elle accepte le mépris pour obtenir le droit de le rendre.

(5) Cet enivrement de soi-même que vous reprochez à l'homme, qu'est-ce qui le produit, qui l'excite, sinon le vice des mœurs publiques et de la loi sociale ? Ce sont elles qui glorifient, qui encensent, à son exclusion, toutes ces hiérarchies que vous signalez comme faisant à son amour-propre de magnifiques insultes. Que l'éducation , que la loi sociale en agissent autrement ; qu'elles condamnent et flétrissent l'orgueil, la cupidité et l'ambition ; que toutes les fonctions sociales soient honorées et récompensées équitablement ; qu'il n'y ait d'autre supériorité dans l'État que celle des vertus sociales et de la sagesse ; que l'estime publique ne descende sur les supériorités naturelles que comme un libre hommage, et non pas comme un devoir imposé ; laissez les citoyens faire les honneurs de leurs sentiments et se livrer d'eux-mêmes à cette expression qu'ils savent si bien leur donner ; vous n'aurez plus à craindre alors les écarts de l'amour-propre et les ravages de l'orgueil. Vous reconnaîtrez, au contraire, au libre concours de tous les cœurs qui ont de l'énergie, aux efforts multipliés dans tous les genres de bien , ce que doit produire pour l'avancement social le grand ressort de l'estime publique.

C'est donc à pondérer et à bien diriger l'amour de l'approbation publique qu'il faut viser. Ôtez à l'homme tout sentiment d'amour-propre , vous rétrécissez son génie, vous mutilez son cœur. Étranger à toute ambition, même à celle de faire le bien, « l'homme alors, dit Broussais, ne se renferme que trop souvent dans un froid égoïsme et laisse stériles les plus belles facultés dont il est doué, s'il ne s'abandonne pas indifféremment, qui pis est, à tous ses penchants, peu soucieux du *qu'en dira-t on ?* Que si, au contraire, avec un amour-propre marqué, il possède beaucoup d'intelligence et de sentiments moraux, alors, l'homme sent le besoin de développer ouvertement les facultés dont il est doué, il profite de toutes les occasions de déployer sa force, son esprit, sa moralité; il tient à acquérir une bonne réputation; il vise au succès par des moyens honorables; il veut mériter les suffrages, l'estime de ses semblables; et vous le voyez toujours sur la brèche, disposé à défendre les principes qu'il a adoptés, les institutions qu'il croit bonnes, les hommes qu'il honore. »

Sachons donc éviter le double écueil de l'orgueil et d'une passive humilité. « La véritable modestie, qui, d'ailleurs, a besoin d'être secondée par un certain degré d'estime de soi, s'élève au-dessus de ces deux travers de l'esprit, et les écrase de toute la supériorité du mérite réel. Une modestie bien entendue ne consiste pas à se retirer toujours en arrière, à fuir toujours la publicité; elle sait se mettre en avant quand l'occasion en vaut la peine, et prendre sa place quand elle a la conviction qu'elle peut être utile. »

En suivant la voie que j'indique, disparaîtront sans retour: 1° cet esprit de servilité et de prostitution envers les supérieurs; 2° cet esprit de contemption et de domination envers les inférieurs, ou ceux que l'on considère comme tels; 3° cet esprit de rivalité et d'envie envers ses égaux; ces trois vices détestables que vous flétrissez avec tant de force de pensée et de pompe de style. Mais nous ne pourrons raisonnablement cesser de les redouter, tant qu'on ne fera rien autre chose que d'inscrire dans les dogmes religieux et dans les chartes publiques les mots sonores, mais stériles, de Liberté et d'Égalité.

(6) Voilà, Messieurs, l'homme tel qu'il est, le sentiment qu'il a de lui-même, et les conséquences normales de ce sentiment. Or, je dis qu'évidemment et sans grand effort de logique, c'est là un sentiment faux, inhumain, infortuné. C'est un sentiment faux : car il est impossible que tout le monde soit le premier, et par conséquent le vœu de

la nature ou de la Providence, quelque nom que vous lui donniez, n'a pu être de nous appeler à la primauté. Si la primauté était notre but et notre vocation, un seul être existerait, et encore ne serait-il pas le premier, parce que, pour qu'il y ait un premier, il faut qu'il y ait des derniers.

C'est un sentiment inhumain, car il conclut à l'avilissement de tout ce qui n'arrive pas à être le premier, au mépris de tout ce qui n'est pas assez heureux ou assez fort pour se faire une situation élevée. Enfin, c'est un sentiment infortuné, car il est en contradiction avec toutes les réalités de la vie. L'orgueil demande infiniment, et la vie ne donne que peu, d'autant plus cruelle qu'elle favorise quelques-uns, et qu'elle montre de loin à l'ambition haletante ses rares parvenus. L'orgueil dit à un artisan qu'il est souverain, et le malheureux s'en va, l'esprit plein de cette souveraineté, tendre dans la rue la main à un travail qui ne lui vient pas toujours, et qu'il déshonore d'avance par ses vices. Comment voulez vous que le bonheur habite dans une contradiction si poignante entre ce que nous sentons et ce qui est réellement?

(6) Oui, l'égoïsme exclusif et l'orgueil sont des sentiments faux, infortunés, inhumains ; mais, encore une fois, ils ne sont point rivés éternellement au cœur de l'homme. Où les a-t-il puisés? Dans l'éducation, dans le monde qui l'entoure, dans les préjugés religieux. Malgré sa morale et ses préceptes d'humilité, le catholicisme lui-même n'est pas sur ce chapitre à l'abri de tout reproche. Ceci vous paraît sans doute paradoxal. Hélas ! il n'est que trop facile de lever cette *contradiction apparente*. Que tout vrai catholique puisse ployer tout son être aux exigences de sa doctrine, cela n'est guère possible, pourtant je vous le concède ; mais combien est-il de catholiques selon cet idéal? Comment pouvez-vous à ce prix espérer faire du catholicisme la morale universelle, comme son nom l'indique si pompeusement? Qu'importe à l'humanité que quelques-uns se sacrifient, s'il n'en doit résulter pour la masse une régénération morale et un bien-être social véritables? Or, c'est précisément ce qui arrive. Je vais plus loin ; je dis que cet esprit de passivité qui dérive de votre doctrine, cet esprit stérile qui ne vous aura donné que quelques apô-

tres et quelques martyrs enfantera, sans nul doute, une multitude d'égoïstes, d'orgueilleux et d'oppresseurs. Votre religion d'humilité et d'abnégation, de mépris et de détachement des choses terrestres vous défend, vous empêche d'opposer à l'avidité et à l'oppression cette résistance déterminée, énergique, opiniâtre, que leur opposerait un physiologiste. Ainsi votre passivité devient pour le méchant un motif de vous nuire et de vous dominer ; c'est une prime d'encouragement que vous semblez offrir à toutes les mauvaises passions, à toutes les tyrannies. Et la tyrannie venue (fût-ce celle d'un Néron ou d'un Tibère), elle deviendra pour vous éternellement légitime : « *Obéissez aux puissances.* » Pourquoi songeriez-vous à rétablir la liberté, à conquérir une juste part dans le bien-être commun? « *La terre pour vous est une vallée de larmes. — La patrie n'est pas d'ici-bas. — Ce qu'on prend pour elle n'est qu'un gîte d'une nuit.* »

Je ne veux pas nier que la foi catholique puisse apporter quelque soulagement aux angoisses du malheureux ; mais calmer les souffrances n'est pas les guérir ; et, comme de votre aveu même, la foi sincère est extrêmement rare, ce n'est qu'une *goutte de baume* que vous versez dans un *océan de douleurs !* Combien de fois, au contraire, l'esprit d'abnégation et de passivité qu'engendre la foi catholique ne servira-t-elle pas au crime de glaive et de bouclier ! Ne le rendra-t-il de plus en plus audacieux, en comprimant chez l'opprimé tout désir de résistance ? Comment un vrai catholique conservera-t-il cette noble et courageuse fierté qui distinguait certains peuples antiques, quand ses dogmes religieux lui enseignent une morale comme celle-ci :

« Si l'on vous prend votre manteau, vous donnerez encore votre tunique. »

« Si l'on vous frappe sur la joue gauche, tendez la joue droite. »

« Si l'on vous poursuit dans une ville, fuyez dans une autre. »

N'est-ce pas de cette dernière maxime que s'autorisèrent les moines de Paris, lors du siége de cette ville par les Normands, pour s'enfuir à Saint-Germain, et conseiller à Louis-le-Gros d'acheter la paix?

(7) La doctrine catholique, Messieurs, s'est proposé de changer de fond en comble le sentiment que nous avons naturellement de nous-même. Elle s'est attaquée à ce sentiment qui semblait indestructible et n'être pas différent de notre essence; elle a espéré nous en former un autre tout contraire, et j'admire cette espérance et cette singulière sécurité. J'admire une doctrine qui ne craint pas de renverser l'homme par sa base, qui non-seulement veut extirper en lui un sentiment radical, mais qui crée un sentiment opposé à l'ancien, et se promet d'en faire l'inauguration au plus profond de son cœur. L'homme vivait d'orgueil, il vivra d'humilité. Et qu'est-ce que l'humilité? L'humilité est une acceptation volontaire de la place qui nous a été marquée dans la hiérarchie des êtres, une possession de soi-même avec une modération égale à ce que l'on vaut, et qui nous porte à descendre vers ce qui ne nous vaut pas. L'orgueil tendait à monter ; l'humilité cherche à descendre. L'orgueil impliquait la haine de la supériorité, la haine de l'égalité, le mépris de l'infériorité ; l'humilité renferme en soi l'amour et le respect de la supériorité dans ceux que la Providence a faits supérieurs, l'amour et le respect de l'égalité dans ceux que la Providence a faits nos égaux, l'amour et le respect de l'infériorité non-seulement dans ceux que la Providence a faits nos inférieurs, mais encore pour nous-même et d'une manière absolue. L'orgueil aspirait à être le premier, l'humilité aspire au dernier rang. L'orgueil voulait être roi, l'humilité veut être serviteur. Sentiment incroyable, qui n'avait pas même de nom dans la langue des hommes, et qui s'est fait un nom, une histoire et une gloire !

(7) Renverser l'homme dans sa base, changer de fond en comble ses sentiments, certes, voilà une entreprise hardie ; et, par parenthèse, je m'étonne que l'idée en ait pu germer dans des esprits pleins d'humilité ! « *L'homme vivait d'orgueil, il vivra d'humilité.* » Voilà une belle antithèse ; mais les anti-thèses ne valent pas des faits. Il y a dix-huit siècles que vous êtes occupés à cette tâche ; montrez-nous vos résultats. Où trouve-t-on maintenant l'étable et la crèche du Nazaréen? Se-rait-ce au fond du Vatican, chez les membres du Sacré-Col-lège ou chez les rois Très-Chrétiens? Serait-ce dans vos palais épiscopaux, ou même dans vos moindres presbytères? Lais-

sons donc de côté les antithèses ; ne demandons à la nature que ce qu'elle peut nous donner. Comment pouvez-vous être si exigeants envers l'homme , vous qui tout à l'heure le décrétiez pétri d'égoïsme ? Mais bientôt , vous-même , vous rendrez hommage au principe que vous attaquez maintenant ; je signale par avance cette contradiction.

(8) Je dis une gloire, car ne croyez pas que l'*humilité* eût pour but de vous abaisser, elle avait pour but de vous relever; aucune autre doctrine, Messieurs, n'a prétendu *exalter l'âme humaine* autant que la doctrine catholique ; aucune autre ne lui a proposé une ambition plus grande et plus extraordinaire. *Elle ne lui parle que de ses origines et de ses fins divines ;* elle substitue pour elle l'éternité à l'immortalité; *elle lui donne Dieu pour frère et le ciel pour patrie ; elle lui inspire d'elle-même un si profond respect* que les moindres obscurcissements de la droiture et de la conscience lui causent de l'horreur, et qu'elle essaierait en vain de vivre tranquille quand la plus légère souillure a compromis la *splendeur de sa dignité personnelle*. Ainsi la plus haute exaltation de l'âme doit s'allier et s'allie, dans la doctrine catholique, à la plus profonde humilité. Comment cela? Comment une ambition sans mesure est-elle compatible avec une inspiration toute contraire?

Je pourrais, Messieurs, ne pas aborder cette explication, puisque je traite seulement des phénomènes de la doctrine; cependant il n'est pas inutile de temps en temps que nous touchions au secret intérieur des choses. Levons donc la contradiction apparente qui nous préoccupe, et pénétrons jusqu'à l'essence de l'humilité. Sachez-le, Messieurs, la véritable élévation n'est pas dans l'élévation de nature, dans la hiérarchie matérielle ou extérieure des êtres. La véritable élévation, l'élévation essentielle et éternelle, c'est l'élévation de mérite, l'élévation de la vertu. La naissance , la fortune , le génie ne sont rien devant Dieu. Car, qu'est-ce que la naissance devant Dieu qui n'est pas né ? Qu'est-ce que la fortune devant Dieu qui a fait le monde? Qu'est-ce que le génie devant Dieu qui est l'esprit infini, et de qui nous vient cette petite flamme extraordinaire que nous appelons de ce beau nom ? Évidemment ce n'est là rien. Ce qui est quelque chose devant Dieu, ce qui nous approche de lui, c'est l'élévation personnelle, due à l'effort d'une vertu qui, en quelque rang de nature que nous ayons été placés, reproduit dans l'âme une image sérieuse de la Divinité. Or, plus la vertu s'élève d'un lieu bas, plus son mérite est grand.

Imiter Dieu, quand on touche aux premiers degrés de son trône,
quand on le voit presque face à face, c'est un mérite facile; mais
qu'une créature placée dans un rang inférieur, qu'un simple homme
sans naissance, sans fortune, sans génie, courbé sous les outils d'une
boutique et appliqué à la plus vile instrumentation, que cet homme,
par un mouvement de son cœur, s'élève jusqu'à Dieu, qu'il tire de
son âme des flots d'un amour sans tache, qu'il offre à Dieu, quoique
si loin de lui, une image de lui-même, assurément son abaissement
dans la hiérarchie de nature augmentera son élévation dans la
hiérarchie de mérite. L'humilité n'exclut donc pas l'exaltation; elle
la sert; et, bien mieux encore, elle la produit.

(8) Certes, à en croire vos promesses, l'orgueil ne perdrait
rien à s'endormir un instant! La doctrine catholique ne le
détruit point, elle ne fait que le déplacer. Quelques sophis-
mes que vous entassiez, vous ne parviendrez jamais à *lever la
contradiction*, elle est manifeste. Reste à savoir seulement si
l'amour-propre (je ne dis pas l'orgueil, car il en est l'excès), si
l'amour-propre, dis-je, consentira aisément, s'il consentira
long-temps à se contraindre; s'il se laissera séduire par l'intérêt énormément usuraire que *la foi catholique* lui promet?
J'ai démontré le contraire (7).

(9) Car, qu'est-ce que la vertu qui constitue la hiérarchie de mérite? La vertu, évidemment, n'est pas autre chose que le dévouement
de soi aux autres : or, peut-on se dévouer sans abnégation de
soi-même? Peut-on se sacrifier sans que le premier sacrifice soit celui de l'orgueil? Car, qu'est-ce que l'orgueil, sinon soi, toujours soi,
soi plus que tout autre, soi plus que l'univers, soi plus que l'humanité, soi plus que Dieu? Qu'est-ce que l'orgueil, sinon l'égoïsme
même? Et comme l'égoïsme et la vertu sont deux mots qui s'excluent,
il s'ensuit que l'orgueil et la vertu s'excluent aussi, pour laisser voir
clairement que la vertu et l'humilité n'ont qu'une même définition,
et qu'ainsi s'abaisser, c'est s'élever. L'orgueil n'est que la forme de
l'égoïsme, la passion du néant qui se ramasse en soi et qui veut op-
primer tout le reste; l'humilité est la forme de l'amour, la passion
de l'être vraiment grand, qui veut se faire petit pour se mieux donner. Aussi Dieu est-il le plus humble des êtres; lui qui est sans égal,
a des égaux dans la triplicité de la personnalité divine; lui qui est
créateur sans mesure, s'est abaissé vers le néant pour créer l'être,

2

vers l'homme pour prendre sa nature. C'est de lui, bien plus que de cet empereur romain, que le poète aurait dû dire :

Et monté sur le faîte il aspire à descendre.

(9) La vertu ne consiste pas à se sacrifier ; elle n'est autre chose que cette concordance parfaite qui se rencontre entre l'intérêt, le désir individuel, et l'intérêt public ; cette force sympathique qui nous entraîne vers nos semblables ; cette puissance d'intelligence qui nous découvre les bienfaits les plus éloignés de la solidarité humaine. Le mot vertu ne signifie rien au-delà. « Quoi qu'ils disent, en la vertu même, le dernier but de notre visée, c'est la volupté. » (MONTAIGNE.)

« Tous les hommes désirent d'être heureux ; cela est sans exception. Quelque différents moyens qu'ils emploient, ils tendent tous à ce but. Ce qui fait que l'un va à la guerre et que l'autre n'y va pas, c'est ce même désir, qui est dans tous les deux accompagné de différentes vues. La volonté ne fait jamais la moindre démarche que vers cet objet. C'est le motif de toutes les actions des hommes, *jusqu'à ceux qui se tuent et qui se pendent.* » (PASCAL.)

Cessez donc de chercher la vertu dans la contrainte et hors des lois de la nature. La société, pour être parfaite, n'a besoin ni d'humiliations, ni d'abnégation, ni de *sacrifices absolus ;* pour remplir au plus haut point tous les devoirs de la fraternité, l'homme n'a besoin que de bien comprendre sa nature, que de bien connaître les rapports qui enchaînent sa destinée à celle de ses semblables. La vérité possède en soi-même assez de puissance pour conduire l'humanité tout entière au bonheur, sans qu'il soit besoin de recourir à des vertus factices, c'est-à-dire à des vertus nées de la crainte ou de cette ambition superstitieuse que vous habillez du vêtement de l'humilité, ainsi que nous venons de le voir dans le précédent article de votre texte.

(10) Tel est, Messieurs, le sentiment que la doctrine catholique a prétendu imposer à l'homme à l'égard de lui-même. Y a-t-elle réussi ?

Je vous en fais le juge. A-t-elle réellement créé l'humilité dans l'homme? A-t-elle porté l'homme à descendre volontairement? Vous le savez tous; l'histoire du catholicisme vous est connue; vous savez quel sentiment animait les saints, quel sentiment l'Église vous inspire à vous-mêmes. C'est la doctrine catholique qui a inauguré dans le monde l'amour sincère de la supériorité; c'est elle qui y a produit le sentiment de l'égalité et de la fraternité, selon cette expression de l'apôtre : *diligite caritatem fraternitatis*, — *aimez l'amour de la fraternité*. Enfin, c'est elle qui nous a donné le goût de nous faire petits, de descendre du rang, de la naissance, de la fortune, de l'é-clat du génie; exemples célèbres que les rois eux-mêmes ont donnés et que donnent encore obscurément tous les jours des âmes sans nombre, imitatrices de l'humilité du Calvaire au milieu de cet effroyable orgueil qui règne encore dans l'humanité, quoique non plus sur l'humanité.

Maintenant, Messieurs, qu'en conclure? c'est ce qu'il nous faut voir.

(10) Le petit nombre des saints, comparativement au nombre de ceux qui ont écouté la parole catholique, ce petit nombre, dis-je, prouve évidemment contre vos assertions; il démontre combien est impuissante et stérile la doctrine de l'humilité. Quant aux sentiments de l'égalité et de la fraternité, si ce n'est pas précisément la doctrine catholique qui, la première, les a inaugurés, le christianisme, du moins, a le mérite d'en avoir élargi la base; car il a proscrit la loi de l'esclavage; jamais le sentiment de la solidarité humaine ne fut prêché avec plus de force; écoutons une admirable parabole de saint Paul :

XII. Car, comme le corps n'est qu'un, quoiqu'il ait plusieurs membres, et que tous les membres d'un seul corps, quoiqu'ils soient plusieurs, ne forment qu'un seul corps, il en est de même du Christ.

XIII. Car nous avons tous été baptisés dans un même esprit, pour n'être qu'un seul corps, soit juifs, soit grecs, soit esclaves, soit libres; et nous avons tous été abreuvés d'un même esprit.

XV. Si le pied disait : « Parce que je ne suis pas de la main, je ne suis pas du corps, » ne serait-il pas pourtant au corps ?

XVI. Et si l'oreille disait : « Parce que je ne suis pas l'œil, je ne suis pas du corps », ne serait-elle pas pourtant du corps ?

XVII. Si tout le corps était œil, où serait l'ouïe ? S'il était tout ouïe, où serait l'odorat ?

XIX. Si tous les membres n'étaient qu'un même membre, où serait le corps ?

XX. Il y a donc plusieurs membres, mais il n'y a qu'un seul corps.

XXI. Et l'œil ne peut pas dire à la main : « Je n'ai pas besoin de toi », ni la tête dire aux pieds : « Je n'ai pas besoin de vous. »

XXI. Bien que loin de cela, les membres du corps qui paraissent les plus faibles, sont les plus nécessaires.

XXIV. Dieu a tellement disposé le corps qu'il a donné plus d'honneur à celui qui en manquait.

XXV. Afin qu'il n'y ait point de division dans le corps, mais que les membres aient un soin mutuel les uns des autres.

XXVI. Aussi lorsqu'un des membres souffre, tous les autres membres souffrent avec lui ; et lorsqu'un des membres est honoré, tous les *autres* membres en ont de la joie.

XXVII. Or, vous êtes le corps du Christ, et vous êtes ses membres chacun en particulier. (*Epître de saint Paul*, chap. v.)

Mais comment le christianisme a t-il réussi à faire germer dans le cœur l'amour de l'égalité et de la fraternité ? Est-ce en glorifiant l'humilité ? Non. Jésus ne dit jamais : Humiliez-vous devant tel ou tel ; mais, au contraire, il dit : « Vous êtes tous égaux ; vous êtes tous les enfants de Dieu. » Je vois que les hommes du peuple s'agitèrent tout d'abord et comme électriquement aux noms de l'égalité et de la fraternité ; mais, je ne sache pas que les Scribes et les Pharisiens aient jamais été d'ardents apôtres de ces deux vertus. Vous commettez donc ici une double erreur. Je puis démontrer, l'Evangile en main cette assertion ; les preuves abondent. Citons-en encore quelques-unes :

« On ne voit parmi eux aucun supérieur quand ils sont assemblés ; personne ne préside, pas même tour à tour. Ils ne s'appellent point d'abord évêques. Saint Pierre ne donne le nom d'évêque qu'à Jésus-Christ, qu'il appelle le *surveillant des âmes* (Ep. 1, ch. 11).

» Ce nom de *surveillant,* d'*évêque* est donné ensuite indifféremment aux *anciens,* que nous appelons *prêtres ;* mais nulle cérémonie, nulle dignité, nulle marque distinctive de prééminence, nulle costume. Les anciens, ou vieillards, sont chargés de gérer les ressources communes. Les plus jeunes sont élus à la pluralité des voix, et au nombre de sept pour *avoir soin des tables* et pourvoir aux nécessités communes. » (Actes, chap. 6, v. 2.)

« De juridiction, de puissance, de commandement, on n'en voit pas la moindre trace. Les apôtres n'avaient d'autre AUTORITÉ que celle de la PERSUASION, qui est la première de toutes, et sur laquelle toutes les autres sont fondées. Ils rendaient hommage de cette sorte à la parole de Jésus, qui leur avait dit : « *N'appelez personne votre père ; ne désirez point qu'on vous appelle* MAITRE *ni qu'on vous appelle* DOCTEUR, parce que vous êtes tous frères et égaux. » (MATTHIEU, ch. XXIII, v. 8, 9, et 10.)

On le voit, il n'est pas le moindrement dans tout ceci question d'humilité, ni d'abnégation, ni d'autorité, ni de prééminence. Tous étaient prêtres, tous étaient évêques, tous prophétisaient. Les apôtres ne recommandent que la fraternité et l'égalité. « Que l'abondance des uns supplée à l'indigence des autres, dit saint Paul, et qu'ainsi, il y ait de l'égalité. » (Epître aux Corint., ch. VIII.) « Et personne ne disait que ce qu'il possédait lui fût particulier : mais toutes choses étaient communes entre eux. » (Actes des apôtres, chap. V.)

(11) L'humilité est une vertu. J'ai besoin de le montrer pour les conséquences ultérieures auxquelles je veux aboutir. L'humilité, dis-

je, est une vertu, car la vertu est une force de l'âme qui résiste au mal et qui accomplit le bien, et l'humilité porte avec soi tous ces caractères. Elle est une force, puisqu'elle surmonte le penchant de notre nature à l'égoïsme de la primauté; elle résiste au mal et accomplit le bien, car le mal est une relation fausse, et le bien une relation vraie des sentiments et des actes avec les êtres. Toutes les fois que nous sommes avec les êtres dans une relation exacte, juste, harmonieuse, non pas par l'esprit, ce serait le phénomène de la connaissance, mais par le cœur et les actes, nous sommes dans le bien. Or, l'orgueil étant un sentiment faux, inhumain, malheureux, un sentiment qui dénature toutes nos relations avec la hiérarchie des êtres, il s'ensuit manifestement que l'humilité, qui nous replace à l'égard des êtres dans un rapport vrai, humain et heureux, est une vertu. L'orgueil trouble tous les êtres, à commencer par lui-même; l'humilité apaise tous les êtres, à commencer par elle-même; elle est la vertu principe, comme l'orgueil est le vice-principe.

(11) Je comprends que vous vous efforciez de faire de l'humilité une vertu : c'est le besoin de votre cause; mais cela ne suffit pas pour faire de l'humilité une force d'âme. L'humilité ne sait point vaincre; ce que vous appelez force n'est le plus souvent, au contraire, que la résignation de l'impuissance. Or, a-t-on jamais vanté la continence et la chasteté des eunuques? Loin d'être une force de l'âme, l'humilité en paralyse l'action de même qu'elle s'oppose au développement de l'intelligence; je n'en veux pas d'autre preuve que M. Lacordaire lui-même. Si le révérend père avait le malheur de posséder, au degré qu'il nous la désire, le sentiment de l'humilité, ou plutôt d'en être possédé, comment oserait-il occuper cette tribune catholique, d'où il fait tomber tant de paroles hardies et retentissantes? Ne craindrait-il pas d'y trouver trop de motifs d'amour-propre, trop de mobiles de vanité, et de compromettre ainsi son salut éternel?

(12) Cela posé, je dis que la vérité seule peut produire la vertu, et que l'erreur en est absolument incapable. En effet, l'erreur met notre esprit dans une relation fausse avec les êtres; elle nous les présente tels qu'ils ne sont pas, et sollicite, par conséquent, notre cœur à faux. Le cœur étant sollicité à faux par des êtres qui lui sont

présentés sous un jour qui n'est pas le leur, comment voulez-vous que le cœur conclue à un sentiment vrai, et la volonté à des actes justes ? Cela n'est pas possible. Vous savez très-bien, Messieurs, que le sentiment suit la vue de l'esprit, et que les actes suivent l'impulsion du sentiment. Ainsi est constituée la hiérarchie de notre activité intérieure et extérieure. L'homme voit d'abord, et, selon qu'il voit, il éprouve dans la sensibilité une sympathie ou une répulsion, et selon qu'il éprouve une sympathie ou une répulsion, il commande au-dedans de lui par la volonté, et ensuite il agit à l'extérieur. Mais si le point de départ, dans cette série des actes, de l'organisation active, est vicieux ; si, par exemple, je vois comme mauvais ce qui est réellement bon, si je vois Dieu comme un tyran, au lieu de le voir comme un père, n'est-il pas vrai que mon sentiment, sollicité par cette idée fausse de Dieu, sera porté à le haïr ; au lieu que si j'ai l'idée véritable de Dieu, si j'entends la première parole du chrétien qui prie, le *Notre Père qui êtes au ciel*, n'est-il pas vrai que mon sentiment gravitera vers lui sous la forme d'une filiale affection ?

(12) Personne ne peut vouloir contester à la vérité la puissance de produire la vertu. Quant à moi, j'attache à la vérité toutes les vertus possibles. Je suis donc à cet égard d'accord avec mon auteur. Toute la divergence qu'il y a entre nous, c'est que nous voyons la vérité chacun à notre manière, c'est-à-dire sous des prismes tout à fait opposés. D'où il résulte que nous ne pouvons guère nous rencontrer ensemble dans le temple de la vertu, du moins au pied du même autel.

(13) Vous vous étonnez sans cesse de rencontrer des âmes bonnes et bien douées, dont les sentiments et les actes, en certaines matières, vous frappent d'une stupeur douloureuse ; vous vous dites : Comment ces hommes qui semblent droits, sont-ils capables d'écrire ou de faire de si odieuses choses ? Eh ! Messieurs, c'est que ces hommes voient mal. Est-ce que vous croyez que le cœur soit toujours devant Dieu aussi coupable qu'il nous le paraît ? Est-ce que vous pensez qu'en vivant au milieu d'une société où l'esprit est sans cesse assiégé par l'erreur, la responsabilité des sentiments et des actes soit la même qu'aux époques où la vérité seule instruisait et gouvernait le monde ? De temps en temps, chrétiens, on persécute votre honneur par des calomnies publiques, et vous dites : Il n'y a qu'une plume scélérate qui ait pu tracer de telles injures. Détrompez-vous ; c'est peut-être

la bonne foi qui vous attaque, et presque certainement c'est l'erreur,
erreur plus ou moins coupable, selon le malheur des temps et la
multiplicité des causes qui ont faussé l'esprit. Ce que vous appelez
un coup de poignard est souvent un coup d'épée pour celui qui vous
frappe; il ne connaît pas l'Église, la cité des saints; il la découvre à
travers les tempêtes du siècle, comme un obstacle à ce qui lui paraît
être la régénération des idées, l'avenir du monde, le développement
de la civilisation; il voit le contraire de ce que vous voyez, et fait
par conséquent le contraire de ce que vous faites. L'erreur! Messieurs,
l'erreur! voilà la source la plus féconde du mal, et, dans tous les
cas, une source d'où ne peut sortir aucun bien, aucune vertu. Je l'ai
démontré.

(13) **On ne saurait trop applaudir à l'esprit de tolérance qui
règne dans ces lignes. Mais qui fausse les esprits? qu'est-ce
que l'erreur? Quelle voie devons-nous suivre pour nous en
garantir? Qui doit nous guider dans le chemin de la vérité?
Est-ce le dogme de l'infaillibilité d'un homme, fût-il pape?
Est-ce la foi à tous les mystères? ou bien, plutôt, ne serait-
ce pas le flambeau de l'examen et de la libre discussion? J'o-
pine pour cette dernière proposition. La discussion, selon
moi, est un vaste creuset où il faut tout jeter, le vrai comme
le faux; car, au fond, la fausse monnaie de l'erreur se sépare
de l'or pur de la vérité et sert à en mieux faire ressortir
l'éclat. Sachons aussi substituer à l'autorité des noms celle
de la dialectique; de quelque part qu'elle vienne, la vérité
n'est-t-elle pas toujours la vérité?**

(14) Voulons-nous donc connaître si une doctrine est la vérité?
nous n'avons qu'à voir les sentiments et les actes qui en sont la con-
séquence. Toute doctrine qui produit la vertu est nécessairement
vraie; la vertu est le fruit inimitable de la vérité.

Eh bien! l'humilité est une vertu; une vertu substituée au pire de
tous les vices; une vertu capitale, qui crée l'autorité, la fraternité,
l'amour sacré du pauvre; qui met les hommes chacun à leur place,
même à la dernière, avec leur propre consentement: donc, la doctrine
catholique, dont elle est l'effet, est une grande vérité, une grande,
une première, une capitale vérité.

Mais, Messieurs, ce n'est pas tout! il ne suffit pas de la vérité

toute seule pour produire une vertu : la vérité peut être inefficace à
ce grand ouvrage, quoiqu'elle y soit nécessaire. La vérité, en nous
enseignant les vrais rapports des êtres, est sans doute le germe premier de la vertu; mais ce germe peut avorter, s'il ne développe dans
le cœur un sentiment, et ce n'est pas la même chose de donner des sentiments ou de donner des idées. Je sais comment on donne des idées.
L'homme ouvre ses lèvres que Dieu a bénies; il parle, il expose une
série de propositions qui contiennent de la lumière; la lumière passe
de son esprit à l'esprit qui l'écoute. Mais voir n'est pas sentir; passer
de l'acte de la vision à l'acte du sentiment, c'est passer d'une région
à une autre. La lumière ne suffit plus pour expliquer ce nouveau
phénomène. Tous les jours on voit et on reste insensible. Je descends
dans la rue, je rencontre un pauvre qui me tend la main. Je vois
bien sa misère, mais mes entrailles peuvent rester fermées. Je vois
bien que la relation de cet homme à moi est une relation de pauvreté
à richesse, de solliciteur à qui peut compatir et soulager; cependant je
passe sans le bénir ni du regard, ni du cœur, ni de la main. J'ai la
vérité à l'égard de ce pauvre, mais je n'ai pas la charité. Qui me
donnera la charité? Évidemment une autre puissance que la vérité,
mais une puissance pourtant qui sera unie à la vérité, comme la cha-
leur l'est à la lumière; une puissance capable de me remuer, de me
toucher, de me ravir. Ainsi, vous me nommerez la patrie. Tout le
monde sait ce que c'est que la patrie. Mais quand l'ennemi est là, quand
il s'agit de donner son sang pour la défendre, et souvent un sang
que l'on croit inutile, parce que la faiblesse du cœur nous représente
volontiers le sacrifice comme une chose qui ne réussira pas : eh bien !
alors que faudra-t-il pour nous décider? Il faudra qu'une inspiration
sympathique à l'égard de la patrie tombe de quelque part et vienne
animer ce cœur glacé, pour en tirer le sang qu'il veut conserver. L'inspiration sympathique est nécessaire pour faire passer la vérité à
l'état de sentiment; tant que cette inspiration sympathique n'agit pas,
il est impossible que le sentiment soit produit. De là vient si souvent
l'impuissance de la parole; elle éclaire sans échauffer, parce que
l'orateur est froid lui-même, parce qu'il n'est pas suffisamment chargé
d'électricité sympathique, et que nul ne communique ce qu'il n'a pas
lui-même.

Une doctrine qui ne contient pas d'inspiration sympathique au
cœur de l'homme est donc une doctrine stérile pour la vertu, quelle
que soit la quantité de vérité qu'elle renferme d'ailleurs; et toutes
les fois, au contraire, qu'une doctrine remue et transforme le cœur

de l'homme, il est manifeste qu'elle lui est sympathique au plus haut degré, et que, par conséquent, elle est vraie non-seulement pour l'esprit, mais pour le cœur. Or, la doctrine catholique a fait naître dans l'homme le sentiment inconnu de l'humilité ; elle a frappé, comme Moïse, le roc de son orgueil, et l'a rendu doux, simple, obéissant, content de la dernière place ; elle a fait un miracle qui a exigé la plus étonnante inspiration sympathique : donc elle est vraie pour le cœur comme pour l'esprit.

Ce n'est pas tout encore : il y a dans la vertu autre chose que la vérité connue et sentie, il s'y trouve encore la force qui agit. On peut voir la vérité, on peut la goûter et manquer toutefois de l'énergie suffisante pour la vouloir et la mettre en pratique. C'est même le cas le plus fréquent. Ce qui nous fait le plus défaut à tous, c'est la force, c'est le *vir;* c'est qu'on ne peut pas écrire au bas de notre statue, comme on l'a fait au bas de la statue d'un homme célèbre, cette simple inscription : *Vir.* La faiblesse est le malheur de notre nature le plus difficile à guérir. Nous voyons encore assez vite la vérité, nous l'aimons sans trop de peine ; mais sa transfiguration définitive en vertu, mais l'acte dernier sans lequel l'homme manque à son nom même, voilà l'effort rare autant qu'il est suprême. Eh bien ! la doctrine catholique, qui a mis au monde l'idée et le sentiment de l'humilité, en a aussi créé la force. Elle a fait réellement des hommes humbles par les actes autant que par les idées et les sentiments ; elle a produit la vertu d'humilité dans sa substance totale. Et puisque nu ne donne ce qu'il n'a pas, il est au-dessus de toute controverse que la doctrine catholique possède la force qui fait les humbles. Mais quelle force, et de quel genre ? Évidemment une force qui n'est pas dans la nature, qui est supérieure à la nature, puisque l'orgueil, détrôné par l'humilité, est naturel à l'homme, et qu'ainsi, l'humilité ne lui étant pas naturelle, il a bien fallu, pour que l'homme la reçût et la pratiquât, une force qui ne venait pas de sa nature, une force divine par conséquent, puisque nous ne connaissons que deux genres de force : la nature et Dieu. Donc la doctrine catholique, qui est déjà prouvée une vérité d'esprit et une vérité de cœur, est aussi une vérité divine.

Je confirmerai ce résultat en constatant l'impuissance de toutes les autres doctrines pour produire dans l'homme la vertu de l'humilité.

(14) Voilà comment je résume tout ce long article. Il faut, pour produire la vertu, trois choses : l'intelligence du bien, le sentiment du bien, la volonté du bien. Lorsque la société

possédera la vérité d'une manière assez complète ; lorsque les hommes connaîtront leur nature intime, les vrais rapports qui existent entre eux , puis les rapports qui existent entre eux et le monde extérieur, ces trois éléments de la vérité seront toujours réunis , et , alors, le mot vérité sera synonyme de vertu. Constatons, en attendant, que plus l'aperception de la vérité est forte , plus sont remuées nos fibres sympathiques , plus notre volonté est sollicitée à l'action. J'ai indiqué plus haut (3) que la doctrine physiologique possède en elle-même plus qu'aucune autre de puissance de raisonnement, de sentiment et de volonté ; que par conséquent elle touche de plus près à la vertu ; je mettrai cette proposition en vive lumière dans mes dernières livraisons. J'ai démontré aussi tout ce qu'il y a d'aberration et de stérilité dans la doctrine de l'humilité. Mais j'admire surtout cette singulière prétention que vous avez de conclure à la divinité de la doctrine catholique, par ce motif qu'elle se trouve tout à fait en antagonisme avec l'ordre ordinaire de la nature. Les monstres sont aussi des productions anormales de la nature : leur érige-t-on pour cela des autels ? Si vous aviez pris le soin d'analyser plus profondément les causes multiples qui concourent à produire le sentiment de l'humilité , sentiment si rare et si peu fécond, vous auriez pu vous convaincre que ce sentiment ne s'engendre point en dehors de l'organisme de l'homme comme vous n'hésitez pas à l'affirmer ; ce sont tout bonnement quelques-unes de ses facultés que l'homme a eu le malheur de sacrifier à d'autres , contrairement aux prescriptions de la loi physiologique. S'il est parvenu à faire taire , à oblitérer les sentiments de *l'amour-propre* et de *l'estime de soi* , ce n'est que pour assouvir les exigences superstitieuses des sentiments exagérés du merveilleux, de l'espérance et de la vénération, qui sans cesse lui montrent le ciel comme récompense de son sacrifice. Mais je n'ai pas encore signalé tous les défauts du sentiment de l'humilité. Si, comme je l'ai démontré (6), il nous désarme lorsque nous aurions besoin de lutter, souvent il nous pousse, en faveur de l'objet de notre culte , à une indignation qui, toute sainte que nous prétendions qu'elle soit , n'en conduit pas moins aux déplorables résultats de la colère, quand elle ne nous rend pas un instrument du crime. Il n'y a rien de plus féroce que le fanatisme ignorant , quand il croit venger sa divinité outragée.

(15) En dehors de la doctrine catholique, il n'existe que trois doctrines : le rationalisme, le protestantisme et les cultes non chrétiens. Je pourrais ne pas parler des cultes non chrétiens, parce que désormais, dans le monde, leur temps est achevé, et que la lutte finale n'est plus évidemment qu'entre la doctrine catholique, le rationalisme et le protestantisme. C'est pourquoi, si le temps nous presse, nous n'en dirons qu'un mot.

Le rationalisme est l'effort de l'intelligence pour s'expliquer le mystère des destinées, à elle toute seule, sans le secours d'aucune révélation, d'aucune tradition, d'aucune autorité. Ce mot, Messieurs, est un mot moderne. Ce sont les catholiques du dix-neuvième siècle qui l'ont créé ; et c'est un mot de la création la plus heureuse, parce que c'est un mot plein d'équité. Quand le rationalisme, c'est-à-dire cette abstraction de toute révélation, de toute tradition, de toute autorité, s'établit dans le monde, les catholiques se trouvèrent embarrassés : ils ne pouvaient pas appeler cet effort de l'intelligence du nom de philosophie ; car eux-mêmes ils ont une philosophie, il existe une philosophie chrétienne, une philosophie catholique. Donner au rationalisme le nom de philosophie, c'était lui donner un nom qui, aux yeux des catholiques, était devenu sacré, et le transporter à un genre de spéculation tout à fait opposé à leur doctrine et à leur méthode. Quelques apologistes appelèrent la philosophie moderne du nom de *philosophisme ;* mais cette expression, hasardée çà et là, ne put obtenir la généralité et la stabilité, précisément parce qu'elle renferme une injure. Qui dit *philosophisme* dit un amour du sophisme ; or, on peut être rationaliste par éducation, par tournure d'esprit, par un malheur quelconque, on peut chercher en soi-même, dans son intelligence, l'explication du mystère des destinées, et n'être pas nécessairement un cœur dévoué au sophisme. Le mot était donc malheureux. Les catholiques du dix-neuvième siècle ont créé celui de rationalisme, qui a cours aujourd'hui dans toutes les langues de l'Europe, ce qui est le signe inévitable d'un mot bien fait. Et le mot est bien fait parce qu'il exprime sans injure ce qu'il veut dire.

(15) Nous n'acceptons pas entièrement le nom de rationalisme. Le rationalisme était la philosophie la plus avancée et la meilleure du dernier siècle. Il a provoqué, il s'est mis à la recherche de toutes les sciences et de tous les progrès ; les écrits qu'il a répandu embrasèrent l'atmosphère et préparèrent l'avénement de la philosophie positive. La philosophie positive, ce n'est pas seulement une science, c'est l'ensemble et le concert de toutes les sciences. Or, l'étude synthétique des sciences nous démontre d'une manière irréfragable que si toute vérité est une récompense des efforts de la raison, que bien qu'il ne puisse exister de vérité en dehors d'elle, la puissance de la raison n'est point absolue. En effet il est dans l'ordre intellectuel des lois, des vérités par conséquent, qui, pour n'être pas comprises, n'en existent pas moins ; une raison sage les proclame et les démontre : on en sent le besoin. Donc, la certitude exige trois conditions essentielles et corrélatives : le témoignage des sens proprement dits, celui des sentiments moraux, les lumières de la raison. Le véritable instrument de la vérité, la meilleure règle de certitude, c'est *la science de l'organisation de l'homme et de ses rapports avec les modificateurs de cette organisation, c'est la physiologie.* Nous sommes donc phisiologistes. Pourtant, comme il arrive souvent qu'on confonde l'une avec l'autre la physiologie et le rationalisme, et que ces deux philosophies ont une foule de points de contact, de connexion et de communauté de principes, j'examinerai avec attention ce que dira notre auteur touchant le rationalisme. Mais comme aujourd'hui il ne fait qu'indiquer ce sujet, j'attendrai qu'il l'aborde et le discute.

(16) Le rationalisme n'a pas même la prétention d'inspirer l'humilité. Il voit la plaie de l'orgueil ; je crois qu'il la voit ; il cherche dans la modestie un contrepoids à ce mauvais sentiment de notre nature ; mais la modestie n'est que l'imitation artistique de l'humilité ; elle cache l'orgueil sans le détruire ; elle le cache, parce que l'orgueil est un vice tellement ennemi de l'humanité, qu'il est impossible à l'homme de le montrer. Soyez le plus grand génie du monde ; ayez sur le front toute la gloire imaginable, si l'orgueil apparaît par-dessus, vous êtes un homme haï et déshonoré. Le monde ne donne la

gloire qu'à la condition qu'on la portera sans en être ébloui, et en paraissant encore plus grand qu'elle. C'est pourquoi la modestie est un art du premier ordre, que le rationa'isme apprécie de toute nécessité. Il fait même plus.

Je reconnais qu'il n'existe pas seulement une fausse modestie, qui n'est qu'un voile pour couvrir l'orgueil, mais qu'il existe aussi une modestie sincère, un certai ı calme, une possession de soi-même, modérée, qui fait que l'horɔmme parvenu à un rang honorable finit par s'en contenter. Mais ce n'est là qu'une vertu de sage privilégié, une vertu de cabinet et de salon, qui ne pénètre pas jusqu'aux entrailles de l'humanité; c'est 'apaisement d'un orgueil satisfait, et qui mesure par la prudence l'inanité des vœux ultérieurs. Le rationalisme n'a même aucune part à ce léger sommeil de l'orgueil; il est l'œuvre d'une nature tempérée, et non l'œuvre de cette doctrine qui, en faisant de l'intelligence individuelle le principe et la règle exclusifs de la vérité, est la créatrice d'un orgueil particulier, le plus fort de tous. Le vulgaire des hommes n'aspire qu'à la primauté de naissance, de fortune, de génie, de gloire, de puissance; le rationalisme, capable de dédaigner tout cela, place son trône plus haut encore, et verra sans étonnement le jour où, par une conclusion logique, il s'estimera Dieu ou *l'absolu*.

(16) Vous reconnaissez qu'il existe une modestie sincère, une possession de soi-même calme et modérée; mais cette modestie ne vous suffit pas, parce que, dites-vous, la modestie est un art du premier ordre. Mais est-ce que vous êtes d'avis qu'on proscrive tous les arts? Qu'est-ce qu'un art, sinon un instrument de perfection? Et lorsque cet instrument opère sur les bons principes qui sont dans le cœur de l'homme, que produit-il, sinon la vertu? Si vous répudiez la modestie, répudiez donc aussi la vertu. Les principes faux produisent la versatilité et la contradiction; cette modestie, dont tout à l'heure vous faisiez un art, et un art du premier ordre, elle n'est plus, dix lignes plus loin, qu'un léger sommeil de l'orgueil, elle n'est plus que l'œuvre d'une nature tempérée.

(17) Le protestantisme est l'effort de l'intelligence pour se mettre en possession de la révélation sans le secours d'aucune autorité. Par où vous voyez tout d'abord que le protestantisme n'est autre chose qu'un rationalisme mitigé. Le rationalisme se pose comme indépen-

dance de la pensée, comme voulant tirer de lui la vérité; le protestantisme, en acceptant la révélation, veut cependant entrer en commerce avec la parole divine par l'effort individuel de l'âme. Il ne veut
pas de l'homme entre lui et Dieu, parce que l'homme abaisse l'homme ;
orgueil religieux qui ruine la société spirituelle, comme l'orgueil ordinaire ruine la société humaine. Aussi les hommes et les œuvres
d'humilité, si fréquents dans l'Église catholique, n'ont-ils jamais
apparu dans le protestantisme, et, de plus, le caractère chrétien,
sous ce rapport, a visiblement été altéré chez les peuples protestants.
Si vous vous êtes approchés quelquefois d'une population formée par
cette doctrine, vous aurez discerné facilement, au langage et à la
physionomie, que vous quittiez la frontière de l'humilité pour entrer
dans une nuance de l'orgueil. Rien n'est plus célèbre, par exemple,
que la morgue héréditaire de la capitale du calvinisme.

L'Angleterre, ce pays pour lequel nous devons tous prier, parce
que, bien qu'il soit éloigné depuis trois siècles de la vérité catholique, et qu'il ait versé le sang de beaucoup de nos frères, cependant le crépuscule d'un jour plus pur se lève pour lui, l'Angleterre
nous présente aussi, dès le premier regard, la chute sensible de l'humilité chrétienne. Je ne le dis point avec amertume ; il est permis à
la charité même de regarder quelquefois le front de l'ange déchu,
afin de mieux connaître le signe de la vérité dans son obscurcisse-
ment même ou sa disparition. Voulez-vous donc voir les effets d'une
fausse doctrine dans un grand pays? remarquez l'état de la domesti-
cité en Angleterre. Rien de plus sec, de plus dur, de moins humain
peut-il se voir, que le commerce de l'Anglais avec son serviteur? La
divinité du domestique n'y est plus connue ; on n'y sait plus que
Jésus-Christ a été le premier domestique du monde. Le mépris de
l'homme a reparu avec l'altération de la doctrine catholique, et le
spectacle en est encore plus instructif lorsque, reportant notre pensée
dans les beaux souvenirs de notre pays, nous nous rappelons ce
qu'étaient chez nous les domestiques, les hommes de la maison, le
vieillard qui nous avait autrefois tenus sur ses genoux, la nourrice qui
nous avait allaités; quel soutien et quel honneur ils trouvaient dans
les vieux châteaux de la féodalité et dans toutes les saintes maisons
du royaume très-chrétien. Ces mœurs sans doute ne sont plus les nô-
tres, du moins au même degré ; mais qui les a changées, sinon l'af-
faiblissement de la foi, sinon l'invasion du rationalisme et de toutes
ces doctrines qui repoussent l'homme vers l'orgueil, tout en lui par-
lant de fraternité. La parole humaine, quelle qu'elle soit, ne suffit pas

pour substituer dans l'organisation de l'homme l'artère de l'humilité à l'artère de l'orgueil. On peut bien vouloir, ne fût-ce que par pudeur, imiter les idées et les sentiments du vrai christianisme ; mais cette imitation même, par son impuissance, révèle dans la doctrine catholique une semence qui seule a reçu le don de l'efficacité et avec lui le signe inaliénable de la divinité.

(17) Je n'ai point mission de défendre la cause du protestantisme ; cette doctrine est demeurée stationnaire et inorganisatrice, parce qu'elle s'est refusée à suivre les conséquences de son principe primordial, le *Libre Examen*. Je ne puis cependant refuser de lui rendre cette justice qu'elle fut, à son origine, un instrument puissant et actif de progrès, par le désir immense de recherche et d'investigation qu'elle communiqua aux esprits.

Je flétris, comme vous, l'esprit d'orgueil et les sentiments de dureté et d'égoïsme qui règnent en Angleterre, mais je suis infiniment loin de partager vos regrets pour les institutions et les coutumes du moyen âge. Ce n'est point les vieux châteaux de la féodalité et les *saintes maisons* du royaume très-chrétien que demandent ceux qui souffrent et qui sont humiliés ; ce à quoi ils aspirent, c'est à trouver dans la grande famille humaine la part de bien-être et de liberté à laquelle ils ont droit.

(18) Quant aux cultes non chrétiens, je n'en dirai rien décidément. Ce sont des corps morts sur le champ de bataille où l'erreur et la vérité se disputent le monde. Que voulez-vous que je parle de Jupiter, de Mercure ? La Grèce, Rome, Mahomet lui-même étaient des flatteurs des passions de l'homme. Que voulez-vous que j'en dise de plus à propos de l'humilité ? Quand la victoire a enseveli par-dessous le sang et les ruines ceux qu'elle a balayés, voulez-vous qu'un orateur vienne un jour sur ces *tumulus* entonner un chant de triomphe et prouver que ces gens morts n'avaient ni la vérité ni la vertu ? Toute doctrine autre que la doctrine catholique flatte l'orgueil et les penchants corrompus de l'homme par un point ou par un autre, Zénon aussi bien qu'Épicure ; et s'il se rencontrait une doctrine de main d'homme qui eût toute l'architecture de la vérité, elle prouverait en-

core par son impuissance que la vérité ne suffit pas quand il s'agit de vertus plus fortes que l'homme.

(18) Voyez à quel degré d'aberration et d'exclusivisme aboutit la doctrine catholique : *La vérité est impuissante ; hors du catholicisme point de salut !* Selon nos théologiens, Socrate, Pythagore, Épicure, Zénon ne furent que des orgueilleux et des égoïstes. « S'ils consacrèrent leur vie au bonheur des hommes, c'était dans le but d'obtenir leur estime ; s'ils furent laborieux, humains, justes, fraternels, zélés, le mobile de toutes ces belles qualités c'était la vanité et le désir d'être aimés, secourus au besoin, le désir d'être applaudis, glorifiés par leurs contemporains, et même, peut-être, de vivre dans l'histoire. » Que le lecteur juge, par le résumé suivant de la morale antique, si ces philosophes méritent le dédain que le catholicisme leur prodigue !

« Reviens, enfant transfuge, reviens à la nature ; elle te consolera, elle chassera de ton cœur ces craintes qui t'accablent, ces inquiétudes qui te déchirent, ces transports qui t'agitent, ces haines qui te séparent de l'homme que tu dois aimer. Rendu à la nature, à l'humanité, à toi-même, répands des fleurs sur la route de la vie ; cesse de contempler l'avenir ; vis pour toi, vis pour tes semblables ; descends dans ton intérieur ; considère ensuite les êtres sensibles qui t'environnent, et laisse-là ces querelles théologiques qui ne peuvent rien pour ta félicité. Jouis et fais jouir des biens que j'ai mis en commun pour tous les enfants également sortis de mon sein. J'approuve tes plaisirs, lorsque, sans te nuire à toi-même, ils ne seront point funestes à tes frères, que j'ai rendus nécessaires à ton propre bonheur. Sois donc heureux, ô homme ! la nature t'y convie ; mais souviens-toi que tu ne peux l'être tout seul. J'invite au bonheur tous les mortels ainsi que toi ; ce n'est qu'en les rendant heureux que tu le seras toi-même. »

« Sois juste, parce que l'équité est le soutien du genre humain ; sois bon, parce que la bonté enchaîne tous les cœurs ; sois indulgent, parce que, faible toi-même, tu vis avec des êtres aussi faibles que toi ; sois doux, parce que la douceur attire l'affection ; sois reconnaissant, parce que la reconnaissance alimente et nourrit la bonté ; sois modeste, parce que l'orgueil révolte des êtres épris d'eux-mêmes ; pardonne les injures, parce que la vengeance éternise les haines, et par conséquent les misères, les souffrances et les tourments de la crainte ; fais du bien à celui qui t'outrage, afin de te montrer plus grand que lui et de t'en faire un ami : il n'est pas besoin pour cela de compromettre ta sûreté ni ton bonheur ; sois retenu, tempéré, chaste, parce que la volupté, l'intempérance et les excès détruiraient ton être et te rendraient méprisable. » (1)

O malheureuse humanité ! que n'es-tu tout entière composée de pareils orgueilleux, de pareils égoïstes et de pareils corrompus !

(19) Votre premier trésor, jeunes gens chrétiens, c'est donc celui de l'humilité, trésor qui vous a procuré la paix, trésor à qui vous devez des frères et des amis que l'orgueil ne vous aurait jamais donnés. C'est là, dis-je, votre premier et votre plus grand trésor personnel ; mais c'est aussi votre trésor pour l'humanité tout entière et pour notre commune et chère patrie. Vous l'ouvrirez sur l'une et l'autre ; vous réapprendrez à ces générations troublées par des ambitions qui ne seront pas satisfaites ce qu'un homme d'Etat vivant a appelé la sainte école du respect, et j'ajoute : la sainte école du respect dans l'amour et de l'amour dans le respect. Vous leur réapprendrez le respect et l'amour de la supériorité, le respect et l'amour de l'égalité, le respect et l'amour de l'infériorité. Vous réconcilierez entre eux les rangs et les sorts, non par de vaines phrases, mais par des sentiments profonds, par des actes où le pauvre reconnaîtra sa grandeur, et qui, en le rapprochant de l'homme, le rapprocheront aussi de Dieu. Appliqués à cette glorieuse tâche qui n'appartient qu'à vous, vous ne vous laisserez point émouvoir par les clameurs qui vous accuseront de forfaire à Dieu et aux hommes ; vous leur opposerez ce même trésor de l'humilité, vous y puiserez pour vous la joie de l'injure pardonnée. Tôt ou tard le monde aura besoin de vous ; l'expérience des doctrines qui ne sont pas les vôtres s'achèvera sous les yeux ouverts du genre humain.

Vous n'avez besoin que d'attendre, et la patience est aussi un

(1) Lucrèce.

fruit de l'humilité ! *F:ls uniques de cette vertu*, sacrés patriotes du temps, parce que vous l'êtes de l'éternité, montez au Capitole ; et là, tenant en main le sceptre de roseau, *le front couronné d'épines, les épaules chargées de la pourpre sanglante, demeurez debout devant l'outrage*, et attendez en paix l'avenir qui vous cherche et qui vous trouvera. Non pas un avenir de repos, mais un avenir où s'accroîtra le nombre de ceux qui croiront, qui aimeront et qui souffriront avec vous ; car tant que le royaume de Dieu sera le royaume de l'humilité, *la gloire n'y sera pas sans l'humiliation, la victoire sans la défaite, la joie sans la douleur.* Vous êtes semblables à l'Océan, dont l'ambition légitime est d'agrandir ses rivages ; mais qui sait aussi qu'en les agrandissant il agrandit ses tempêtes.

(19) Après tout ce que j'ai dit précédemment, il ne me reste à relever, dans cette péroraison, qu'une pensée, pensée que l'auteur a déjà émise plusieurs fois, sous d'autres formes, dans ce discours. Pour récompense de leurs travaux et de leur dévouement, il promet aux *fils uniques de l'humilité* un avenir de nouveaux outrages, avenir dans lequel ils verront s'accroître le nombre des souffrants, et déborder sur eux de plus en plus un déluge d'humiliations, de défaites et de douleurs. Ceci peut paraître fort poétique, sans doute ; mais, on l'avouera, ce n'est pas fort consolant pour les fidèles du catholicisme, et c'est fort peu encourageant pour les gentils.

Nota. J'ai dit plus haut (15) que j'examinerai les raisonnements de M. Lacordaire, touchant le *Rationalisme*. D'après l'espèce d'engagement qu'il a pris dans son cinquième discours, j'attendais en toute confiance que, dans son sixième, l'habile orateur traitât au fond ce grave sujet. Aujourd'hui, il ne lui reste plus qu'un discours à prononcer, et j'attends toujours. Cependant, ce point de controverse, il l'a reconnu capital. Il est donc de toute urgence qu'il s'explique formellement dans son huitième discours : je l'en adjure en loyal critique. S'il persistait à garder le silence, ne serait-on pas en droit de penser qu'il a peu de confiance dans la cause dont il est le plus éloquent défenseur ?

www.ingramcontent.com/pod-product-compliance
Lightning Source LLC
Chambersburg PA
CBHW061116050726
47594CB00005B/1960